Henry Houssaye

Le Salon
de 1883

Critique

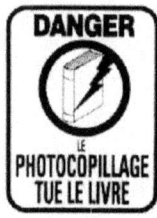
ISBN : 978-1983986581

10 9 8 7 6 5 4 3 2 1

Henry Houssaye

Le Salon de 1883

Critique

Table de Matières

INTRODUCTION   **6**

I. — LA PEINTURE.   **8**

II. — LA SCULPTURE.   **34**

INTRODUCTION

Il convient toujours d'appeler d'un jugement général rendu à l'ouverture du Salon. La première impression que donne un Salon est le plus souvent fâcheuse. On est étourdi par la multitude des tableaux et comme aveuglé par les crudités de ton des peintures fraîches. C'est la confusion d'un kaléidoscope. Tout d'abord on ne distingue rien nettement. Puis les mauvaises toiles, qui sont d'ailleurs en majorité, s'imposent au regard par leurs couleurs criardes, leur composition bizarre ou ridicule ; et c'est à grand'peine, au contraire, que l'on aperçoit quelques bons tableaux, car les yeux, vite fatigués, ne regardent plus que machinalement. Par la raison qu'on veut tout voir, on ne voit rien. La comparaison avec les autres Salons vient alors à la pensée, et comme l'on n'a conservé de ces Salons-là que le souvenir des belles œuvres, — celui des choses médiocres s'étant naturellement effacé, — on juge que le Salon actuel est inférieur aux précédents. A une seconde, à une troisième visite, le jour se fait dans le chaos, les idées se modifient. On découvre beaucoup de tableaux de mérite qui ont échappé à la rapide inspection du premier jour, et dans les tableaux qu'on a déjà remarqués on admire de nouvelles beautés. Il se produit un phénomène de sélection visuelle. Si l'on entre dans une salle qu'on connaisse bien, on voit seulement le tableau préféré, l'œuvre capitale. Les autres toiles sont comme si elles n'étaient point, elles ne peuvent ni arrêter ni détourner le regard. Un Henner, un Baudry, sont en quelque sorte isolés, bien qu'ils soient entourés de trois cents tableaux. La halle aux peintures devient ainsi une galerie choisie, et il arrive souvent que l'opinion primitive change, qu'on pense que le Salon ressemble à tous les Salons, qu'il n'est ni meilleur ni pire.

Cette année, les nouvelles visites à l'exposition ne prévalent point contre le jugement du premier jour. Le Salon de 1883 est médiocre. Inférieur dans l'ensemble au Salon de 1882, il a moins d'œuvres de haute valeur. On n'y trouve point les équivalents du *Ludus pro patria* de M. Puvis de Chavannes ou du *Barra* de M. Henner. Parmi les maîtres qui ont exposé, — beaucoup se sont abstenus, — deux ou trois seulement ont envoyé un tableau qui ait chance de marquer particulièrement dans leur œuvre. Les maîtres d'ailleurs, il y aurait injustice à n'en pas convenir, demeurent pour la plupart égaux à eux-mêmes. Mais ce n'est point des peintres comme Cabanel ou Gérôme, qui ont depuis longtemps leurs noms au Livre d'or, qu'il faut s'inquiéter pour l'avenir de la peinture française ; c'est de tous ces jeunes hommes dont quelques-uns doivent leur succéder à la tête de notre école. Or, chez les peintres de vingt-cinq à quarante ans, on ne constate guère que des défaillances. De débuts caractéristiques, point ; car nous ne pouvons prendre pour des nouveau-venus M. Rochegrosse et Mme Demont-Breton, puisque l'année dernière nous avons ici loué leurs tableaux. Il faut reconnaître cependant que ces deux peintres ont dépassé les grandes espérances qu'on pouvait fonder sur leur talent naissant. L'*Andromaque* et *la Plage* sont peut-être, dans les deux mille cinq cents tableaux du Salon, les seuls dont l'histoire de l'art aura un jour à préciser la date. C'est presque un enfant, c'est une toute jeune femme, qui donnent l'exemple des grandes œuvres !

Il n'est pas douteux que l'invasion dans la peinture sérieuse de l'impressionnisme et du naturalisme ne contribue à l'affaiblissement de la jeune école. Cet « art nouveau » est bien fait pour séduire les peintres désireux des prompts succès : il est facile, et il a la vogue. Théophile Gautier écrivait naguère qu'il y a pour les peintures comme pour les toilettes des femmes des nuances « distinguées, » des couleurs à la mode : le jaune citrin ou le bleu turquoise. Aujourd'hui, si l'on veut faire tapage au Salon, y être remarqué par le public, loué par la majorité des critiques, récompensé par le jury, le procédé est fort simple. Il suffit de peindre *clair* et *mat*. La facture lâchée, cela va sans dire, est non-seulement tolérée, mais recommandée ; les sujets les plus vulgaires, — *la Mort du cochon*, par exemple, — sont accueillis avec faveur ; et l'ignorance de la perspective est de droit commun. Des règles aussi faciles appellent les vocations et font des prosélytes. De là ces scènes de genre couvrant des toiles de cent mètres, ces tableaux où, sous prétexte de plein air et de lumière diffuse, il n'y a plus ni éclat, ni relief ; ces compositions où, sous prétexte de sincérité, on pose les figures sans aucun groupement comme des quilles dans un jardin ; ces peintures où, sous prétexte d'effet juste, on laisse tout à l'état d'ébauche, où, sous prétexte d'air ambiant, on montre des formes flottantes et indécises ; ces échappées de paysage où, de peur d'être considéré comme idéaliste, on arrache les pâquerettes pour planter des pissenlits. Si ces tableaux-là n'étaient que déplaisants, le mal ne serait pas grand ; on est parfaitement libre de ne pas les regarder. Mais leur nombre qui croît chaque année donne de sérieuses inquiétudes. Tout peintre de talent qui passe à la nouvelle école est une force perdue pour l'art.

La sculpture elle-même, la sculpture, où la France l'a disputé à l'Italie pendant la renaissance, et où elle est sans rivale depuis trois siècles, n'apparaît point dans le magnifique épanouissement du dernier Salon. Jamais les beaux marbres, que dominaient le grandiose *Quand même* ! de Mercié, l'admirable figure tumulaire de Chapu, le groupe héroïque de Lanson, n'avaient été en si grand nombre. Cette année, sans doute, il y a quelques œuvres de premier mérite ; mais, d'une part, la retraite momentanée de MM. Paul Dubois, Chapu, Mercié, Saint-Marceaux, Aimé Millet, d'autre part, certaines défaillances chez le plus grand nombre des exposants, font que le Salon de sculpture est inférieur à celui de 1882.

Ainsi le même jugement s'impose au Salon de peinture et au Salon de sculpture : il y a peu d'œuvres capitales ; les maîtres ne se surpassent pas et quelques-uns déclinent ; les artistes de la jeune génération s'affaiblissent manifestement. Pour cela, faut-il crier à la décadence ? Il y a des années infécondes, qui ne prouvent pas que la terre soit épuisée ni que la sève soit tarie. Toutefois, si plusieurs Salons de cet ordre se succédaient, on serait bien fondé peut-être à dénoncer l'abaissement de l'art français. Et par l'art français nous entendons l'art moderne, car la France occupera bien longtemps encore, quoi qu'il arrive, le premier rang en art. Alors même que l'école française semble défaillir un peu au Salon des Champs-Elysées, elle triomphe presque sans lutte dans les expositions internationales.

I. — LA PEINTURE.

I

M. George Rochegrosse a vingt-deux ans. Par les fortes qualités de l'exécution, son *Andromaque* est un des bons tableaux du Salon ; c'en est l'œuvre capitale par le caractère grandiose et dramatique de la conception. Ilion est pris. Les Grecs massacrent et brûlent. Au pied des hautes murailles à appareil cyclopéen qui forment l'enceinte de la ville s'amoncellent dans des flaques de sang les cadavres et les têtes coupées ; d'autres cadavres sont pendus au faîte des remparts. La fumée noire de l'incendie monte lentement vers le ciel ; et sous l'arc trapu d'une poterne intérieure on aperçoit les lueurs de la cité en flammes. C'est l'abattoir et la fournaise. Sur les premières marches tout éclaboussées de sang d'un étroit escalier qui mène à la plate-forme, Andromaque se débat au milieu d'un groupe d'Achéens ; échevelée et à demi-nue dans ses vêtements déchirés, elle lutte avec une sauvage énergie pour défendre son enfant. Ulysse (ou Néoptolème) qui se tient debout au sommet de l'escalier, dans une attitude d'impatience et de menace, a ordonné qu'Astyanax fût précipité du haut des murailles. Déjà un Grec a arraché l'enfant des mains de la mère, qui se cramponne désespérément au manteau du ravisseur. Les soldats la maintiennent, la saisissant à bras-le-corps, la prenant au cou, aux jambes. On sent tout l'effort qu'il faut à ces quatre hommes pour retenir cette femme affolée de douleur, cette mère devenue lionne. Du pied, du dos, de l'épaule, ils s'arc-boutent, afin de décupler leurs forces, contre les marches et les parois. Rien ne fera lâcher prise à Andromaque ; son bras raidi, sur lequel un soldat fait une pesée, cassera plutôt que de céder. Encore un élan du Grec qui emporte Astyanax, et un lambeau de la rade étoffe que tient la main de la mère restera dans ses doigts crispés avec sa dernière espérance.

Devant ce tableau il ne convient pas de s'arrêter à louer l'harmonie vibrante d'une couleur à la Henri Regnault ni à détailler les autres mérites de la facture : l'exécution prestigieuse des casques et des cuirasses, le dessin très étudié et fortement exprimé des figures, la largeur et la fermeté de la touche. Ces qualités indispensables a un peintre, car en toute chose on doit d'abord savoir son métier, ne sont point rares aujourd'hui. La main qui fait le peintre ne manque pas dans notre école, mais le cerveau qui fait le grand artiste. Relever les murailles écroulées d'Ilion, évoquer dans son caractère farouche et héroïque ce terrible épisode de l'histoire légendaire, le faire revivre par la furie du mouvement et le naturel des attitudes, en donner l'impression d'épouvante, restituer de toutes pièces ces guerriers, avec leurs types, leurs costumes, leurs armures, se tenir au point juste entre l'exagération archaïque et la convention surannée, entre le ridicule et la banalité, il faut pour cela un autre entendement que pour copier un défilé de voitures devant l'église de la Madeleine, ou coucher une femme nue sur une table à modèle. Dans les œuvres de cette sorte, les dons objectifs de l'œil ne sont qu'accessoires, la main n'est que l'humble servante de la pensée. C'est donc l'intelligence du sujet, ce signe suprême du peintre d'histoire, qui distingue avant tout M. Rochegrosse. Cette scène de carnage est bien telle qu'il la fallait peindre, n'en déplaise à ceux qui n'ont pas regardé la *table iliaque*, à ceux qui n'ont pas lu chez Pausanias la description du *Sac de Troie*, peint par Polygnote dans la Lesché de Delphes, à ceux mêmes qui ont oublié les vers de Virgile :

Plurima perque vias sternuntur inertia passim

Corpora, perque domos et religiosa deorum

Limina…

Avec leurs casques à triple aigrette et à ailettes, leurs pots-en-tête à haut cimier de queues de cheval, leurs cottes d'armes de cuivre rouge, leurs cnémides d'airain et leurs épées de bronze, ces Grecs sont bien des Grecs, non point les Grecs des carrousels, non point les Grecs de la Comédie-Française, les soirs où l'on joue *Phèdre* ou *Andromaque*, non point même les Athéniens des Panathénées de Phidias, mais les Grecs des sculptures d'Égine et du bas-relief de Marathon, les Hellènes des plus anciens vases peints, les Achéens contemporains des murs de Tyrinthe et de Mycènes. Ou a reproché au jeune peintre une trop grande recherche d'archaïsme. Il faudrait plutôt lui reprocher de n'avoir pas été absolument fidèle à cet ordre d'idées. Ainsi l'escalier dont les marches sont si régulièrement ajustées et si bien parementées jure avec l'appareil primitif de la muraille. Il semble qu'on devait accéder au sommet du rempart soit par des remblais de terre, soit par des gradins ménagés dans la masse granitique. En admettant qu'il y eût un escalier, les marches en étaient abruptes et sans arête, et il n'avait pas de rampe à large tablette comme un perron Louis XIV. Nous nous étonnons aussi du tabouret brisé du premier plan, qui porte trop visiblement le millésime de 1883. Si nous faisons ces petites chicanes à M. Rochegrosse, c'est qu'il les provoque par sa recherche savante du détail. Nous ne prendrions pas la peine de discuter avec moins érudit que lui. L'an dernier, nous avons été un des premiers à parler de M. Rochegrosse. Nous sommes heureux, cette année, de saluer en lui un vrai peintre d'histoire. Il a concouru sans succès, mais non sans honneur pour le prix de Rome. L'*Andromaque* le désigne incontestablement pour une première médaille, et pour le prix du Salon. M. Rochegrosse ira se fortifier encore dans l'étude des grands maîtres italiens et des beaux marbres grecs ; il ira prendre de nouvelles inspirations en Grèce et à Rome, aux sources mêmes de cette antiquité classique dont il a un sentiment si profond et si personnel.

M. Feyen-Perrin a peint une *Danse des nymphes* sur un fond martelé d'un jaune rosé qui n'est franchement ni un ciel de soleil couchant ni une teinte plate de décoration murale. La même indécision apparaît dans les figures où la préoccupation du style le dispute à la recherche de la réalité. La danseuse qui s'est détachée du groupe principal n'est point gracieuse avec ses jambes écartées. On doit louer en revanche le mouvement eurythmique et le joli groupement des nymphes qui tournent en se tenant par la main. Dans le *Silène* de M. Comerre, l'inspiration est moins élevée. Le Falstaff antique a fait dans le bois une mauvaise rencontre ; des bacchantes et des satyres le terrassent, se roulent sur lui et lui écrasent sur les lèvres des grappes de raisin noir. C'est une débauche de chairs nues que rachèterait seule une exécution à la Jordaens. Or la facture est bonne, non point surprenante. Le corps blanc de Silène est exactement du même ton que le corps de la jolie bacchante rousse qui le barbouille de lie. Des contrastes de coloration entre la chair de la femme et la chair de l'homme seraient pourtant dans la vérité et dans l'effet pittoresque. M. Comerre est d'ailleurs un peintre de savoir et de tempérament qui aura son jour. En attendant, regardons sa pseudo-Japonaise, où il module la symphonie en rose comme il avait modulé dans son *Étoile d'opéra* la symphonie en blanc. Cette Japonaise, une blonde aux yeux bleus qui déroute toutes les idées ethnographiques, est vêtue d'une robe rose brodée d'or retenue à la taille-par une ceinture rose rayée d'or ; elle porte un éventail rose ramage d'or, et naturellement au fond du tableau tombe un rideau de soie rose à dessin d'or. C'est du plus charmant effet. — Le livret nous apprend que cette *Japonaise* est le portrait de Mlle Achille

Fould. On désirerait que tous les portraitistes eussent de pareils modèles. — La nature vaut donc mieux que l'invention, car une autre Japonaise de Paris, que M. G. Courtois appelle : *Fantaisie*, est singulièrement minaudière et maniérée ; elle est toutefois agréable à regarder dans son accoutrement multicolore, — un véritable arc-en-ciel. Ce qui n'est point précisément aussi agréable à regarder, c'est la scène de morgue que M. Falguière nous a montrée dans *le Sphinx*. Le monstre est accroupi au fond d'une grotte obscure. Des cadavres dans des attitudes ramassées, qui rappellent les horribles photographies de ce noyé que ses assassins avaient lié avec des conduites de plomb, occupent les premiers plans. Le dessin ne semble pas très orthodoxe, ou bien il faut admettre que la mort altère les formes. La couleur a de la vigueur et du mystère. Au demeurant, cette toile est moins un tableau qu'une ébauche, et l'on comprend que l'artiste n'ait point voulu passer trop de temps devant un si hideux spectacle.

Cette femme nue qui traverse le ciel sur un char est-elle, comme on le pourrait croire, l'étoile du matin marchant vers les lueurs rosées de l'aurore ? Est-elle, comme le dit M. de Liphart, *l'Etoile du soir* qui se dirige vers la pourpre du couchant ? Le petit génie qui se cramponne à la roue du char s'efforce-t-il de la pousser ou de l'arrêter ? Ceci importe peu à savoir. Ce qui importe à dire, c'est que cette figure isolée dans l'immensité du ciel a beaucoup d'effet, c'est qu'elle a même plus que de l'effet. Il y a de la profondeur dans le ciel, de la légèreté dans les nuages ; les tonalités des cheveux et du voile noir sont justes ; le torse de la femme, supérieurement peint, n'est pas moins remarquable que le beau caractère du dessin.

Avril, c'est ta douce main

Qui, du sein

De la nature, desserre

Une moisson de senteur

Et de fleurs

Embaumant l'air et la terre.

C'est à ton heureux retour

Que l'Amour

Souffle à doucettes haleines

Un feu croupi et couvert,

Que l'hyver

Receloit dedans nos veines.

Dans son *Printemps qui passe*, M. George Bertrand s'est inspiré de ces jolis vers de Remy Belleau. Il a voulu exprimer sous une forme symbolique ce renouveau du printemps, cette sève ardente qui court dans la nature entière. Montées à la façon des Amazones sur de grands chevaux blancs, cinq femmes nues, ivres d'air, de lumière et de mouvement, et agitant des branches fleuries de pommiers, dévalent comme une avalanche au milieu d'une clairière inondée de soleil. L'idée est poétique, mais pour la bien rendre, il fallait donner à ces figures plus de style, à ces têtes plus de vraie beauté. Il fallait montrer d'autres femmes que des modèles d'atelier, d'autres chevaux que des chevaux d'omnibus. M. George Bertrand eût pu aussi pousser davantage l'exécution. C'est une ébauche, une préparation, ce n'est pas un tableau. Les figures, sans modelé et sans demi-teintes, sont creuses ; le dessin gagnerait à être plus châtié ; les ombres portées du feuillage sur les chairs des amazones et sur les robes des chevaux sont trop vivement accentuées. Le jeune peintre ne mérite pas seulement des critiques. Il a su bien poser les figures et les peindre en des mouvements variés, gracieux et justes ; il y a dans cette toile gigantesque une grande intensité lumineuse ; enfin, les idées poétiques sont si rares chez les peintres qu'on est heureux d'en rencontrer une par extraordinaire, fût-elle même exprimée avec une certaine vulgarité.

Après *le Printemps*, de M. George Bertrand, vient *l'Été*, de M. Hans Makart, le célèbre peintre viennois, l'auteur de *l'Entrée de Charles-Quint à Anvers*. C'est une sorte de *hall* qui s'ouvre sur un jardin, dont les arbres et les bosquets ombragent une grande piscine de marbre. Au fond de ce *hall*, décoré de sculptures en bois doré et pavoisé de draperies rouges et bleues, une femme nue, la tête ceinte d'un diadème, est à demi couchée sur un lit d'apparat ; elle présente le doigt à un papillon qui vient s'y poser. Au premier plan, à gauche, une jeune fille assise à terre, les jambes repliées, rit à un enfant que la mère retire de l'eau. Un peu plus loin, une femme, vue de dos, met ou enlève sa chemise, — *grammaticicertant*. A droite, un groupe de femmes : l'une en peignoir blanc, les autres vêtues de robes de velours et de brocart se groupent autour d'une table d'échecs. La pensée, si pensée il y a, est, comme on voit, assez obscure. Cette réserve faite, il faut reconnaître l'agréable et pittoresque ordonnance de la composition, le dessin élégant mais peu sévère des figures, le charme souriant des physionomies. M. Hans Makart est un véritable artiste qui aime la beauté. par-dessus tout. Malheureusement, il vise au beau et n'atteint qu'à la grâce, il cherche le style et ne trouve que la manière. Au point de vue de la technique, il est inférieur à la plupart de nos bons peintres. Sa facture est trop facile, ses corps sans *dessous* paraissent un peu creux, son coloris est sourd et faux. Ce panneau de l'*Été* fait l'effet d'un beau tableau reproduit en mauvaise chromolithographie.

Une œuvre d'un art tout autrement sérieux, c'est la *Psyché*, de M. Jules Lefebvre. Assise de profil et les jambes pendantes au sommet d'un rocher qui surplombe les eaux noires du Styx, la jeune fille hésite à ouvrir la boîte fatale donnée par Perséphone. (Cette boîte, on le sait, ne contenait rien qu'une vapeur empoisonnée qui devait asphyxier Psyché.) Pour décor, les parois de granit et lJa voûte sombre du fleuve souterrain ; au fond, une petite échappée de ciel indiquant l'orifice par où les âmes des morts pénètrent dans l'Hadès. Psyché n'a peut-être pas l'idéale beauté qu'on rêve pour l'amante d'Eros ; la lèvre inférieure et le menton gagneraient par exemple à être un peu plus accentués. Mais ce corps nu est admirable par la pureté du galbe, le choix exquis des formes jeunes, la délicatesse du modelé. Pourquoi le peintre a-t-il enlevé à Psyché ses ailes de papillon et les a-t-il remplacées par une étoile qui scintille au-dessus de son front ? Cette suppression, qui est une grave hérésie mythologique, a l'inconvénient d'inspirer des doutes sur l'identité du personnage à tous ceux qui ont oublié le récit d'Apulée. Pour la plupart des visiteurs du Salon, une jeune fille nue, sans, ailes, et tenant une boîte, n'est pas Psyché, c'est Pandore.

M. Henner joue souvent le même air, mais cet air-là, on le voudrait toujours entendre. *La Femme qui lit*, dont la pose rappelle celle de la *Madeleine* du Corrège, c'est la blonde et rousse naïade que nous avons si souvent admirée, émergeant d'un fond de bitume. Quel charme mystérieux dans ce visage voilé par la demi-teinte ! et comme le haut du buste resplendit dans la pleine lumière ! A quelque distance, le contour du dos et des reins prend une netteté si surprenante qu'on le dirait tracé au burin. Regarde-t-on de près, la ligne est bavochée, indécise, flamboyante, puis on ne tarde pas à retrouver sa rectitude sous les feints repentirs. C'est à croire que le peintre commence par marquer les contours avec la dernière sévérité et qu'il y revient ensuite pour les barbeler à petits coups de brosse. Procédé ou non, le résultat est merveilleux. Avec cette adorable *Liseuse*, M. Henner expose une *Tête de religieuse*. Ce petit profil, dont le dessin intérieur est précis et où le modelé a une rare fermeté, est un miracle de couleur. Il y a une superposition de noirs intenses qui tient du prodige. Dans les demi-teintes, le voile de la religieuse est déjà d'un noir très profond ; dans les ombres, il atteint au noir pur, au noir le plus absolu que semble pouvoir donner la palette. Or, ce voile si noir s'enlève en clair sur le fond noir. De tout ce qui est noir dans la nature, les noirs d'ivoire et de fumée, le plumage du corbeau, l'asphalte en fusion, la sécrétion de la sèche, le bois d'ébène, le marbre de Lucullus, la nuée d'orage, la *nox atra* des poètes latins, le gouffre sans fond, rien n'approche de ce noir-là.

L'*Alma parents*, grande composition de M. Bouguereau, qui représente une femme entourée de neuf enfants, et *la Nuit*, gracieuse figure du même peintre, qui peut compter parmi ses meilleures, ne nous arrêteront pas. Nous avons dit mainte fois de M. Bouguereau tout le bien et tout le mal qu'il y a à dire de lui. Passons à des œuvres moins connues, et d'abord à la *Vénus*, de M. Antonin Mercié. Elle est charmante, cette Vénus, mais bien faite pour étonner un peu. M. Mercié n'a pas transporté dans la peinture, comme on s'y pouvait attendre, ses qualités de statuaire. Cette figure n'est remarquable ni par le caractère de la pose, ni par la sûreté du dessin, ni par l'élévation du style ; elle séduit au contraire par la souplesse ferme de la pâte et la lumineuse harmonie du coloris. M. Mercié se révèle comme un peintre de beaucoup de talent. Mais que l'auteur du *David* et du *Gloria victis* n'oublie pas, au milieu des enchantements de la palette, qu'il est un statuaire qui a un peu plus que du talent. M. Emmanuel Benner s'est enfin dégagé de l'influence de M. Henner, qui enlevait à ses tableaux toute valeur d'originalité. C'est dans une manière très personnelle qu'il a peint *les Grâces*. Dans un paysage d'une grande clarté et d'une grande fraîcheur, trois belles et fortes filles nues arrangent leurs cheveux. L'invention est ordinaire et la composition est nulle, car ces figures, toutes trois sur le même plan, ne se groupent pas. On ne peut donc louer dans ce tableau que la noblesse du dessin, la grâce simple des attitudes et l'agrément de la couleur : c'est déjà beaucoup. Une ébauche de M. Zacharie, appelée *la Femme aux pigeons*, vaut bien qu'on la signale, nonobstant ses négligences et ses incorrections. La figure tourne admirablement, la tonalité est des plus fines et des plus vraies. C'est bien de la chair et de la chair fraîche, sans toutefois que le sang y afflue à fleur de peau comme dans les bacchantes de Rubens. M. Wencker expose une *Baigneuse*. On ne saurait modeler une femme nue dans une pâte plus souple et plus grasse ; on ne saurait aussi choisir un modèle plus vulgaire, et nous disons *vulgaire* par euphémisme. *Le Bain turc*, de M. Debat-Ponsan : une jeune femme étendue à plat ventre sur la dalle et massée par une négresse, n'a pas non plus beaucoup de poésie, mais cette scène de hammam, d'ailleurs très solidement peinte, n'en comportait pas. La belle Romaine de M. Robaudy est une figure de style ; pour cela, elle ne manque ni de fermeté dans l'exécution ni d'harmonie dans la couleur. Les draperies blanches qui la recouvrent tout entière ressortent avec beaucoup de relief sur la muraille blanche. Les valeurs locales sont des mieux observées ; ici, ce sont bien les tons chauds et mats de la laine, là, c'est bien le froid luisant du marbre. M. Hector Leroux, un Romain égaré, fort heureusement pour nous, dans le monde moderne, ouvre le *sacrarium*, en français la sacristie d'un temple, ou encore l'oratoire d'une maison patricienne. Trois jeunes filles chastement vêtues, — des Vestales, à en juger par l'inscription de l'abside, — font leurs ablutions matinales près d'une fontaine de marbre. On aime toujours à revoir ces charmantes figures de M. Hector Leroux, à retrouver ces scènes familières de l'antiquité, dont la science : parait chez cet artiste si facile et si naturelle. M. Ary Renan a peint *la Naissance d'Aphrodite*. Comme dans le tableau d'Apelles (et sans doute comme dans beaucoup d'autres moins célèbres) la déesse « sort du sein des ondes de la mer blanchissante. » Il y a là les signes d'un talent qui s'affirme. Toutefois, l'Aphrodite ne porte point sur le visage la sérénité de celle qui commande aux. hommes et aux dieux. Cette figure serait plutôt une Ophélie ou même une Psyché persécutée. Il semble que la première, expression de Vénus naissante a été le sourire. Les anciens disaient *Venus victrix*, M. Ary Renan dit *Venus dolorosa*.

II

Les tableaux religieux sont peu nombreux. Il convient d'ajouter que la manière dont sont traités les sujets de la Bible et de l'Évangile ne fait point regretter qu'il y en ait si peu. M. Morot a appelé son Christ en croix *le Martyre de Jésus de Nazareth* pour indiquer sans doute qu'il n'a pas voulu représenter le Fils de Dieu, mais, comme dit Tacite, « cet homme nommé Christ qui fut livré au supplice sous le règne de Tibère par le procurateur Ponce Pilate. » M. Morot a parfaitement réussi à tenir cette figure dans la plus vulgaire des réalités humaines. Aussi bien M. Bonnat lui en avait donné l'exemple par son trop célèbre Christ du Palais de justice. Quel intérêt y a-t-il à peindre un homme sur la croix, si cet homme n'est qu'un supplicié quelconque ? C'est comme M. Brunet, qui a eu l'idée triomphante de montrer les *Gibets du Golgotha* après que le Christ a été porté au sépulcre. Il ne reste plus que les deux larrons ! Pour en revenir à M. Morot, ce peintre fait certes preuve de talent et d'étude dans le torse de Jésus, supérieurement modelé, mais ces qualités de facture ne suppléent pas à tout ce qui manque au tableau. Nous n'insistons pas sur l'écartement disgracieux des jambes ni sur leur dessin discutable, encore moins sur ce détail que le Christ est cloué par quatre clous sur une énorme poutre en retour d'équerre, si massive et si lourde qu'il a dû falloir un chariot attelé de deux chevaux pour l'amener au sommet du Golgotha. Ce Christ est si peu le Christ que cette indifférence pour la tradition est sans importance. *L'Adoration des bergers*, de M. Le Rolle, est conçue dans le même caractère réaliste ou prétendu tel, car, en ces sujets, plus on suit la tradition et plus on s'approche de la vérité. Il n'y a nulle recherche dans les types ; heureusement le clair-obscur bien entendu donne à la scène une impression mystérieuse. Il nous paraît que M. Carolus Duran s'est trompé dans la *Tentation de saint Antoine*. Le diable, qui s'y entend, a dû dépêcher à l'anachorète une femme bien vivante, en chair et en os, et nomme figure éblouissante, féerique, dont la vue doit inspirer plus d'étonnement qu'éveiller de désirs. Il est, au contraire, conforme à l'idée hagiographique de représenter les apparitions célestes dans l'irradiation d'une lumière surnaturelle. M. Chartran a été bien inspiré en peignant ainsi la *Vision de saint François d'Assise*. Ce tableau, remarquable à plus d'un égard, l'est surtout à celui-ci, qu'il est le seul au Salon qui ait un véritable sentiment religieux.

M. Cazin a gâté un fort beau paysage, d'une impression poétique et d'un caractère très personnel, en y mettant les personnages les plus déplaisants du monde. La description de ce tableau est nécessaire pour montrer ce qu'on entend en 1883 par l'originalité et la grandeur d'une conception. — Ce sont bien là, si nous écoutons autour de nous, les qualités maîtresses de l'œuvre de M. Cazin, car vraiment on ne saurait parler des mérites de l'exécution à la vue de ces contours défectueux, de ce dessin intérieur nul, de ce modelé par trop sommaire. — Au premier plan, à gauche, une femme morte, couverte d'un tartan à carreaux noirs et blancs, est étendue contre un four à briques. Sur ce four, au second plan, un groupe de trois hommes agitent des lances et des tronçons d'épées ; l'un est demi-nu, les reins ceints d'une peau de brebis, un autre est cuirassé, un autre porte une blouse bleue. A droite est une enclume abandonnée. Au troisième plan s'avance une femme ainsi vêtue : un jupon rouge, une tunique blanche ramagée d'or, un cache-nez de laine à carreaux noirs et blancs. Non loin de cette femme, une jeune fille serre la main à une amie. Au fond du tableau se développe l'enceinte bastionnée d'une ville de guerre. Or ceci représente *Judith sortant de Béthulie pour aller tuer Holopherne*. Voici du moins le titre que donne le livret à cette composition en casse-tête chinois. Et chacun de s'extasier sur le grand caractère de ce tableau ! Mais le caractère, il nous semble, c'est le propre d'une chose, c'est ce qui la distingue d'une autre. Donc pour qu'il y ait caractère dans une peinture, il faut que l'artiste ait rendu d'une façon précise et saisissante la scène qu'il a voulu représenter. Il faut qu'à première vue, le sujet s'impose à l'esprit. Il n'est pas besoin de recourir à un livret pour savoir ce qu'est le *Christ à la paille*, ou *la Cène*, ou *le Radeau de la Méduse*, ou *la Barque de Dante*. Que si vous nous montrez un *Ecce homo* avec un bourgeron bleu et un pantalon à carreaux, il n'y aura pas de caractère, puisque nous ne reconnaîtrons pas Jésus. Quel caractère pourrait donc bien avoir la figure de M. Cazin, qui n'est biblique ni contemporaine et que l'on est libre de prendre, selon son goût, pour Judith ou pour Louise

Michel ? Si le personnage principal n'a pas de caractère particulier, la scène n'a pas non plus de caractère général, car l'action est imparfaitement déterminée. Ces hommes sont-ils des assiégeants ou des assiégés, des miliciens ou des insurgés ? Cette femme est-elle une prisonnière rendue à l'ennemi, une parlementaire, ou encore une reine qui vient au-devant de ses soldats révoltés ? Toutes les suppositions sont permises. L'idée est vague et indéfinie comme est indécis le dessin des contours et comme est incomplet le modelé des chairs. Tout cela, c'est de la fantaisie, et de la fantaisie sans agrément.

M. Luminais nous montre *le Dernier des Mérovingiens*, c'est-à-dire Childéric III, tonsuré par des moines sur l'ordre de Pépin le Bref. C'est un tableau sérieux, bien composé et solidement peint. Mais, dans ce sujet, le comique est bien près du drame. La parodie en est facile et la caricature tout indiquée : Childéric chez son perruquier. M. Jean-Paul Laurens a peint un conciliabule entre un pape et un inquisiteur qui n'annonce rien de bon pour les hérétiques. Le pontife n'a pas l'air méchant ; il inclinerait vers la clémence, mais il se laissera gagner par les raisonnements de l'inquisiteur, un ascète fanatique à la tête osseuse, au nez d'aigle, à l'œil perçant. Voyez dans l'autre tableau du même peintre les conséquences de cette discussion. Au pied des hautes murailles d'un alcazar mauresque devenu prison du saint-office, une femme en deuil est agenouillée, priant pour son mari qui est mort supplicié ou qui gémit dans un *in-pace*. M. Tony Robert-Fleury expose *Mazarin et ses Nièces*. Olympe et Marie chantent, Hortense les accompagne au clavecin. Vieilli et malade, le cardinal écoute la musique assis dans son fauteuil, la tête renversée sur un oreiller. Ce n'est plus le brillant cavalier des guerres de la Valteline ; c'est encore l'homme qui aurait pu être appelé le grand cardinal, si le nom n'avait été pris par Richelieu.

Les peintres se laissent facilement dominer par les opinions régnantes, qu'elles soient justes ou fausses. On a tant répété en ces derniers temps que l'histoire de France ne commence qu'à la révolution de 1789 qu'ils ont fini par le croire. A mieux dire, si beaucoup d'entre eux ont trop d'intelligence pour admettre cette manière de voir, beaucoup aussi ont trop de sens pratique pour ne pas feindre de la partager. Il faut bien compter avec les commandes et les acquisitions de l'état. Soyez persuadés que, si la monarchie ou l'empire remplaçait la république, il y aurait au Salon autant de chevalier d'Assas qu'il y a aujourd'hui de Joseph Barra, autant de sacres et de couronnements qu'il y a aujourd'hui de prises de la Bastille. Quoi qu'il en soit, le cycle des sujets historiques s'ouvre au serment du Jeu de Paume pour se fermer à la pacification de la Vendée. Ce qu'on voit de *bleus* et de *blancs*, de volontaires et de sans-culottes, de conventionnels et de hussards Chamborand est vraiment prodigieux ! Parmi tous ces tableaux, ceux de MM. Le Blant, Scherrer et Moreau de Tours seuls méritent d'être mentionnés ; car pour le *Joseph Barra* que M. Wœrtz a peint dans une gamme de couleurs si effroyablement criarde, nous ne le citons qu'afin de poser une question. Barra était-il fantassin ou cavalier, tambour ou trompette ? Jusqu'ici, sur la foi des historiens, des peintres et des sculpteurs, on le croyait tambour. Il paraît qu'il a permuté, car M. Wœrtz, qui cite un document authentique, représente l'héroïque enfant avec l'uniforme des hussards.

On se rappelle sans doute *les Derniers Moments de Maximilien* de M. Jean-Paul Laurens. Changez les costumes des personnages et le lieu de la scène, et vous retrouverez dans *la Mort du général Charette*, de M. Julien Le Blant, le même groupe du condamné et d'un ami pleurant dans ses bras, le même officier venant prévenir que l'heure de l'exécution a sonné. Maximilien était posé de face, Charrette est vu de dos ; peut-être cela vaut-il moins ? La composition de M. Le Blant est toutefois préférable dans l'ensemble. Son tableau, bien que. de plus petite dimension que le *Maximilien*, a plus de grandeur et de pittoresque. Le décor représente une place publique de Nantes. A droite, près d'un mur de clôture contre lequel il va être fusillé, se tient le hardi Vendéen. Un officier républicain s'approche de lui, le chapeau à la main. A gauche, au troisième plan, s'avance, l'arme au bras, le peloton d'exécution. Au fond, perdue dans le brouillard du matin, toute une division est rangée en ligne de bataille. Ces soldats nous paraissent de formes quelque peu flottantes et indécises, On nous objectera l'éloignement, le petit jour, la pluie qui tombe ou le brouillard qui s'élève. N'importe ! toutes ces conditions optiques et atmosphériques n'autorisent pas des contours aussi flamboyants, des corps d'apparence aussi inconsistante. Et d'ailleurs, si le peintre admet qu'il pleuve très fort ou que le brouillard soit très opaque, pourquoi les figures de Charette et de l'officier se détachent-elles avec tant de netteté, comme éclairées par un rayon de soleil ? Le soleil luit pour tout le monde. — Dans le tableau de M. Scherrer, la petite garnison de Verdun, emportant le cadavre du commandant Beaurepaire, sort de la place et défile devant l'armée de Brunswick, qui lui rend les honneurs de la guerre. C'est une peinture décorative bien composée et peinte avec plus de largeur que de solidité. Les têtes manquent d'étude et les tonalités de justesse. M. Scherrer serait-il achromatopsique ? Il rend les rouges en rose. M. Moreau, de Tours, a brossé avec une grande énergie et une vigoureuse couleur *Carnot à la bataille de Wattignies*. Le chapeau empanaché sur la pointe du sabre, les cheveux flottants, l'œil un peu égaré, le représentent marche en tête de la colonne d'attaque au milieu des tambours qui battent la charge., Derrière Carnet s'élancent les volontaires, la baïonnette en avant.

Le tableau de M. Henry Dupray n'est pas précisément une page d'histoire nationale, maie c'est une curieuse scène militaire enlevée d'une touche vive et ferme. Dans ces sortes de sujets, M. Dupray préfère le pittoresque au dramatique. Il s'agit encore d'un épisode des grandes manœuvres. Nous sommes transportés sur la principale place d'une petite ville, — mettons Thiviers (12e corps d'armée) ou Dreux (5e corps), — devant l'hôtel du *Cheval blanc* ou du *Soleil d'or*. Il est midi. L'état-major a achevé son repas sommaire, et général en chef, divisionnaires et brigadiers, chefs et sous-chefs d'état-major, aides-de-camp, officiers d'ordonnance, prévôts divisionnaires, attachés militaires allemands, suisses, anglais, rosses, autrichiens, italiens, venus de Paris afin de suivre les manœuvres, montent à cheval pour se rendre sur le lieu de l'action, laquelle n'en est encore qu'à la période de préparation : concentration des troupes, dispositions d'attaque et rencontres d'avant-gardes. A droite, débouchant d'une rue en perspective, s'avance un régiment de dragons. La tête de colonne a grand'peine à se frayer passage au milieu de cette cohue d'officiers de tout grade, de gendarmes d'escorte, de naturels de l'endroit qui n'ont jamais vu tant de « militaires, » et de fantassins (des réservistes sans doute) qui ont quitté leur rang, malgré l'ordre formel, pour dévaliser argent comptant les charcutiers de la ville et qui courent bien vite rejoindre leur compagnie. la scène est prise sur le vif. M.

Dupray a bien réussi à donner l'aspect juste d'une ville soudain envahie et occupée militairement en pleine paix, d'une ville mise à sac pour rire.

III

Nous avons passé en revue les peintres de la mythologie et du nu, qui sont encore nombreux, les peintres religieux, qui menacent de disparaître, les peintres d'histoire, qui sont plutôt des chroniqueurs que des historiens. Nous parlerons maintenant des peintres de genre. Leurs tableaux ont pour la plupart les dimensions de l'*Apothéose d'Homère* et de l'*Entrée des croisés à Constantinople*, mais ils n'en sont pas moins, à quelques exceptions près, des tableaux de genre, et de genre déplaisant.

Pour *les Deux Sœurs*, M. Charles Giron s'est visiblement inspiré de la *Fête du 14 juillet*, de M. Roll. Seulement le sujet choisi par M. Roll appartient en quelque sorte à l'histoire, le peintre était autorisé à le traiter dans de vastes proportions. Ces proportions deviennent purement et simplement ridicules appliquées à la niaise vignette de M. Giron. Une demoiselle a la mode passe devant l'église de la Madeleine, mollement étendue dans un huit-ressorts que traînent deux chevaux de pur-sang. A quelques pas de la voiture, une femme du peuple se promène avec ses enfants ; elle reconnaît sa sœur dans la jolie fille et s'arrête pour lui faire les cornes. Au premier plan, à droite, une jeune femme vue de dos choisit un bouquet dans la charrette d'une marchande de fleurs ; au fond se croisent les victorias, les omnibus et les cavaliers. Ce sujet piquant est digne de feu Biard. Encore Biard n'eût-il pas perdu à le peindre trente mètres de bonne toile ; — un « panneau de dix » lui eût suffi. Sauf l'exécution franche et vigoureuse de la femme qui achète des fleurs, il n'y a lien à louer dans tout ceci. Le tableau est peint selon la fameuse formule ; *blanc et mat*, et selon le principe du « plein air, » c'est-à-dire sans perspective aérienne* Aucune figure n'est à son plan. Une femme du vrai monde qui est assise au fond de sa Victoria est sans doute bien confuse de se voir transportée par un maladroit et insolent effet de perspective dans le huit-ressorts même de la drôlesse. Les chevaux escaladent les marchepieds des coupés et prennent pour des mangeoires les capotes renversées des calèches, les cavaliers chevauchent sur les degrés de l'église et les omnibus sortent du péristyle. Remarquons encore que la place de la Madeleine ne parait pas avoir dix mètres de large, qu'il n'est tenu nul compte des localités, que l'asphalte des trottoirs, le macadam de la chaussée, les pierres de l'église sont exactement du même ton, et étonnons-nous qu'il se trouve des gens pour vanter dans cette toile une impression de vérité.

Le Salon carré du Louvre, de M. Louis Béroud, est aussi un tableau de genre, un croquis de journal illustré, avec des figures de grandeur naturelle. Les mérites de la facture rachètent la pauvreté ou la bizarrerie de la conception. La peinture est franche, large, solide, sans négligences ni escamotage. Les figures ressortent en plein relief, le vaste Salon carré parait « grand comme nature, » les fonds s'éloignent avec une singulière vérité optique, l'air circule et la lumière vibre. M. Béroud semble avoir fait une étude très approfondie de la perspective linéaire et de la perspective aérienne. N'aurait-il pas peint quelquefois des décors de théâtre ? *Les Noces de Cana*, qu'on voit presque en entier, le *Charles Ier* et les autres chefs-d'œuvre sont enlevés d'une touche vive et lumineuse et nous apparaissent dans leur ton juste et leurs valeurs particulières. Mais voyez là leçon que s'est donnée à son insu M. Béroud et dont il profitera, nous le croyons. Si vigoureusement peints que soient les visiteurs et les visiteuses du *Salon carré*, l'œil n'est frappé d'abord et n'est charmé ensuite que par l'éblouissante féerie du Véronèse, l'élégante silhouette du portrait de Van Dyck, la tache d'or du Corrège : c'est la revanche de la grande peinture !

M. Gervex eût été bien inspiré en remettant au prochain Salon l'exposition de son *Bureau de bienfaisance*. Cet ajournement lui eût permis de terminer son tableau, qui n'est encore qu'à l'état d'ébauche. M. Gervex aurait eu le temps de remplir l'intérieur des galbes et de modeler les têtes. Un visage d'enfant n'est point une boule de chair percée de trois trous en guise de bouche et d'yeux. Le jeune peintre aurait pu chercher un centre, un motif principal pour sa composition, et il aurait pu aussi peindre l'immense guichet de bois qui occupe toute la partie gauche de la toile d'un ton de bois moins sale et moins faux. Et penser que M. Gervex a tant de dons naturels, tant de talent acquis ! Voyez à travers la grande baie qui éclaire la pièce les toits des maisons couverts de

neige se profiler sous un ciel nuageux que colorent d'une teinte
rosée les pâles rayons du soleil couchant. On ne saurait peindre
avec des tons plus justes, avec une plus vive légèreté de touche.
Étudiez maintenant les mains de la femme du premier plan, qui
tient la petite fille. Quelle sûreté de dessin ! quelle fermeté dans
le modelé ! Certes les défauts de M. Gervex et des peintres de la
nouvelle école sont des défauts voulus. C'est pour cela qu'il faut
leur être sévère.

Les bureaux de bienfaisance, même s'ils sont peints par M. Gervex,
ne suffisent pas à toutes les misères, témoin *la Famille sans asile*, de
M. Pelez. Une pauvre femme et ses cinq enfants sont sur le trottoir
de la maison dont on les a expulsés. Trois enfants dorment, le plus
jeune tette le sein flétri de la mère ; un autre, assis sur un paquet
de hardes, les mains croisées et tombantes, exprime l'abattement
et le désespoir morne. Tout ceci est très solidement peint dans
une tonalité un peu grise. La tête de l'enfant qui sommeille au
premier plan a une exquise délicatesse de modelé. M. Pelez aurait
pu se priver d'afficher sur la muraille, comme une douloureuse
antithèse, des annonces de bals, de fêtes, de concerts. C'est un
délit d'excitation « à la haine et au mépris des citoyens les uns
contre les autres, » qui est justiciable du bon goût. M. Pelez oublie
d'ailleurs que beaucoup de ces fêtes ont tout justement la charité
pour objet ou pour prétexte. Dans un tableau qui est loin de valoir,
sous le rapport de l'exécution, celui de M. Pelez, M. Thévenot a
exprimé un sentiment peut-être plus poignant encore. Au fond
d'une misérable mansarde faiblement éclairée par une lucarne,
un homme affaissé sur sa paillasse songe qu'il n'a plus de pain à
donner à la chère petite enfant qui, à peine couverte de vêtements
en lambeaux, joue gaîment à ses pieds avec une méchante poupée
cassée. La scène est digne de Dickens. D'autres misères et d'autres
expulsions encore. M. Caron, dans un grand tableau d'une manière
sévère, nous fait assister à *l'Expulsion des bénédictins de l'abbaye de
Solesmes*. C'était une scène digne de tenter le pinceau ; toutefois
nous n'aimons pas la politique en peinture, que cette politique flatte
ou froisse nos sentiments personnels, M. Langrand a été, selon
nous, mieux inspiré en nous montrant à l'œuvre ces *Petites-Sœurs
des pauvres*, qui font le sujet de la belle étude de M. Maxime Du
Camp, dernièrement publiée dans la *Revue*. Certes les vieillards

que soignent les petites-sœurs aiment mieux avoir affaire à elles qu'au rébarbatif employé du *Bureau de bienfaisance* de M. Gervex. Il est vrai que, pour les sœurs, la charité n'est point un métier.

La paysannerie de M. Bastien-Lepage représente une fillette de quinze ans et un jeune villageois qui parlent d'amour en se tournant le dos, au milieu de carrés de choux et d'oignons. Il nous paraît que l'exécution est plus sérieuse que dans les autres scènes rustiques de cet artiste. Les figures peintes avec une fermeté égale dans toutes les parties sont solides sur leurs jambes. Il n'en était pas ainsi du flageolant *Père Jacques*. Il y a plus d'air et de perspective qu'à l'ordinaire, ce qui ne veut pas dire qu'il y en ait encore beaucoup. M. Bastien-Lepage s'est décidé à mettre une échappée de ciel à l'arrière-plan ; cela donne toujours un peu de recul au fond. La couleur, systématiquement tenue dans les tonalités sans éclat de la lumière diffuse, avec quelques réveils de verts très crus, ne flatte point les yeux. Tout en protestant contre la vulgarité des types, nous accordons que l'attitude gauche et embarrassée des deux amoureux est bien trouvée. Et pourtant, s'il y a là du naturel, il n'y a point de simplicité. C'est un peu cherché et précieux, c'est le marivaudage à l'étable. Autrement forte et saine est l'impression du tableau de M. Maurice Leloir : un robuste laboureur qui arrête un instant la charrue pour donner un bon baiser à sa femme. Si M. Sicard n'est point du tout un impressionniste, ce dont nous le félicitons, c'est, en revanche, un réaliste convaincu. Sa *Plumeuse de poulets* manque complètement d'idéal ; mais quelle puissance dans l'exécution !

Bien que *la Plage* de Mme Demont-Breton ne montre ni une *Alma parens* allégorique, ni une Cornélie, mère des Gracques, ce tableau est tout simplement une des trois ou quatre œuvres de grande peinture du Salon. Une femme de pêcheur assise au bord de la mer tient dans ses bras son nourrisson, tandis que ses trois autres enfants jouent nus sur le sable. Il ne s'agit pas ici d'amours conventionnels, ronds, potelés, bouffis, aux chairs de cire ou de porcelaine. Ce sont de vrais enfants, hâlés par le grand air, bronzés par le soleil, que la croissance a rendus sveltes et que l'exercice a faits robustes. La mère est vraiment belle dans son attitude simple, dans ses mouvements harmonieux, dans son expression de calme et d'ineffable douceur. Les pieds nus, le corps couvert d'une robe foncée, elle se détache en relief sur la mer frangée d'écume et sur le ciel léger et éclatant. Un petit bonnet blanc, posé sur ses cheveux très noirs, est le point lumineux du tableau. On dirait une auréole mise au front de cette mère heureuse. Le dessin est serré et élégant, la touche virile, la couleur vive et lumineuse. Mme Demont-Breton mérite tous les éloges pour cette œuvre d'un charme sévère, où l'exécution est à la hauteur du style. Là est l'alliance de la vérité et de la poésie.

On ne veut point, au nom des grandes traditions de l'art de la peinture, proscrire les types contemporains et les tableaux rustiques. Mais on veut que, dans ces sujets, pris à la vie moderne, le peintre s'efforce, comme en d'autres sujets, de marquer le style. On veut que l'artiste trouve la noblesse, la simplicité des attitudes, comme l'a fait M. Jules Breton dans *le Matin* ; qu'il donne une émotion pathétique, comme M. Tattegrain dans *les Deuillans* ; qu'il montre la mâle grandeur du travail, comme M. Lhermite dans *la Moisson* ; qu'il exprime un sentiment profond de mélancolie, comme M. Hébert dans *le Petit Violoneux*. M. Hébert n'a jamais mieux peint. Ce *violoneux* sera dans son œuvre ce que, toutes proportions gardées, *le Joueur de violon* de la galerie Sciarra est dans l'œuvre du grand Raphaël.

IV

Depuis vingt ans les portraits de M. Cabanel ont épuisé l'éloge. Des deux très beaux portraits de femmes qu'il expose cette année, que pourrait-on dire qu'on n'ait déjà dit bien souvent de tant d'autres chefs-d'œuvre signés par lui ? Cabanel a la précision du dessin, la pureté des lignes, la couleur harmonieuse, le modelé ferme et délicat des Florentins. Il pénètre jusque dans l'âme du modèle, en saisit la pensée intime et la fixe dans le regard. Si grande qu'elle soit, la réputation de Cabanel grandira encore. Des effets de couleur, des trompe-l'œil de relief, des recherches de sobriété austère dans l'arrangement peuvent séduire ou frapper davantage chez les autres maîtres du portrait. Aucun d'eux n'est supérieur à ce grand portraitiste.

M. Bonnat expose un excellent portrait de M. Morton, ministre des États-Unis, et le portrait de Mme E. K***, plus intéressant en ceci que « le peintre des hommes » se montre là comme un peintre de femmes. Sans doute, M. Bonnat avait déjà fait ses preuves en ce genre dans le célèbre portrait de Mme Pasca ; mais il nous semble que celui de Mme K*** est peint d'une touche plus légère, avec plus de morbidesse. Vêtue d'une robe de velours bleu foncé dont le corsage échancré, garni d'une ruche de dentelle, découvre le cou et la naissance de la poitrine, Mme K*** est debout, de face. Ses bras, tombant naturellement, se rejoignent au-dessous du buse. Un collier de perles tombe du corsage et un croissant de diamants brille dans les cheveux noirs. Le modelé du visage a de la finesse, mais les ombres paraissent un peu bistrées. La pose, très bien trouvée, ne manque dans sa simplicité ni de grâce, ni de noblesse. On regrette de retrouver comme fond les éternels frottis bruns qu'emploie uniformément M. Bonnat pour tous ses portraits. En vérité, cette nappe de bitume s'obscurcissant près de la tête pour la faire ressortir en valeur et s'éclaircissant vers les pieds pour mettre de l'air autour de la figure est un procédé auquel M. Bonnat pourrait renoncer.

Il convient aussi de dire un mot du *Portrait du docteur Parrot*, par M. Paul Dubois, parce que l'œuvre se distingue des portraits habituels du peintre par son coloris plus vif et ses dimensions réduites. Le docteur est représenté en buste, vêtu de la robe noire et pourpre des professeurs à la faculté de médecine. Le faire précis mais large de la tête peut servir d'enseignement aux peintres de petits portraits, dont l'exécution détaillée, peinée, sans liberté, enlève aux figures le relief et l'illusion de la vie.

Ce relief des formes, ce caractère vivant sont puissamment rendus dans le portrait de femme exposé par M. Roll. La figure entièrement vêtue de noir, robe de satin à petits volants et manteau bordé de vison, ressort sur un rideau d'un vert sombre qui tombe au fond de la toile. Ce portrait, très simple et très sobre d'arrangement, a un grand aspect. La tête est peinte en pleine pâte, on pourrait dire en pleine chair. Pour les étoffes, la brosse vigoureuse du peintre les a chiffonnées avec une maestria incomparable. Toutefois, ne regardez pas de trop près : les cassures du satin, qui jettent de si vifs-luisants, sont presque en trompe-l'œil. On ne saurait demander à un pommier de donner des abricots, ni à M, Roll de peindre comme M. Bouguereau, mais les pommes ont, depuis Eve, leurs titres de noblesse, et M. Roll a bien du talent. Pas plus que M. Roll,

M. Falguière n'est un portraitiste de profession. C'est peut-être pour cela qu'on regarde avec tant d'intérêt son portrait de Mme C***. Le peintre-sculpteur a posé son modèle sur un divan turc dont les tons rompus s'harmonisent à merveille avec la robe grenat à garnitures de bandes de cachemire. La tête est modelée d'un pinceau un peu dur, un peu sec ; en revanche, les mains sont veules et sans accent. Ici trop de fermeté et là pas assez. C'est cependant un curieux portrait, d'un aspect très personnel et dont on garde longtemps le souvenir dans les yeux. Le portrait de femme, d'un si grand caractère, qu'expose M. Puvis de Chavannes donne aussi cette impression profonde et persistante. On a bien lu, nous avons bien écrit : un portrait peint par M. Puvis de Chavannes. Voici qui était imprévu. Le maître a appliqué à l'art du portrait, où l'on prodigue tous les charmes et toutes les puissances de l'exécution, les procédés simples, la facture tranquille et austère de la peinture murale, et, pour cette fois, la tentative a bien réussi. Il ne faudrait pas cependant que ce portrait fît école parmi les portraitistes, ni que son succès très mérité fît oublier à M. Puvis de Chavannes qu'on attend encore de lui de grandes œuvres.

M. John Sargent a-t-il voulu peindre un tableau ou une réunion de portraits de petites filles ? Les portraits sont sans doute ressemblants, mais le tableau est composé d'après des règles nouvelles : les règles du jeu des quatre coins. Au premier plan, un bébé, assis sur un tapis bleuté, joue avec sa poupée ; à gauche, une fillette blonde, appuyée les mains derrière le dos contre la paroi, vous regarde fixement. Au fond, se tiennent les aînées, près d'un immense cornet du Japon à décor bleu, haut de près de deux mètres, dont le pendant attire le regard à l'autre extrémité de la pièce. Il y a d'ailleurs bien des mérites dans ce tableau à compartiments. Les physionomies merveilleusement saisies frappent parleur vivacité et leur caractère de vérité ; les attitudes sont variées et naturelles. La couleur est fine, agréable, distinguée, et l'entente de la lumière tout à fait remarquable. Le malheur est que l'exécution proprement dite est lâchée. Rien n'est fait, tout n'est qu'indiqué, mais indiqué, il le faut reconnaître, avec une sûreté magistrale. Au moins, ne reprochera-t-on pas à M. Sargent de trop finir ses tableaux. — Un autre tableau d'enfants, divisé en trois parties, est celui de M. Tanzi. M. Tanzi a pris le soin d'inscrire le nom de ces garçons au-dessus de leur tête. C'est sans doute pour qu'on les reconnaisse. Ésope conte que certain peintre de la plus haute antiquité procédait ainsi. Il écrivait près de ses figures : Ceci est un homme, ceci est un bœuf.

M. Clairin expose Mlle Krauss dans le costume de dona Anna du *Don Juan*. Assise, sur un de ces fauteuils Renaissance à dossier monumental, elle tient son loup à la main et, la tête tournée de profil, elle semble au moment de proférer la malédiction contre le meurtrier de son père. Si l'on reprochait à ce portrait de manquer d'intimité, M. Clairin répondrait que le costume même choisi par lui prouve qu'il n'a pas cherché à représenter Mlle Krauss chez elle, mais Mlle Krauss sur la scène de l'Opéra, non point la femme, mais la cantatrice qui incarne tour à tour en elle les héroïnes du drame lyrique. En résumé, c'est un portrait largement peint et qui a grand air. Vêtu d'un veston de velours violet, le comte de Beust est, au contraire, tout à fait chez lui. Mme Louise Dubréau a bien marqué le fin sourire et l'énigmatique physionomie de l'homme d'état. Médite-t-il une dépêche ou compose-t-il un concerto ? pense-t-il à l'Opéra ou à la triple alliance, est-ce Yradier ou Metternich ? Une autre femme peintre, Mlle Abbéma, efface le fâcheux souvenir de ses *Quatre Saisons* du dernier Salon par un bon portrait de M. Auguste Vitu et par un portrait de Mlle G., que recommandent non-seulement la fraîcheur du coloris, mais encore une exécution sérieuse.

Le petit *Portrait de M. et Mme Alphonse Daudet*, par M. Montégut, est à la fois un joli tableau de genre et un curieux document d'histoire littéraire. Le poète lit à sa femme le manuscrit de son dernier-roman. Ils sont assis l'un à côté de l'autre, devant une table-pupitre où une fleur s'épanouit dans un vase de cristal au milieu des livres et des papiers : Mme Daudet, au premier plan, le corps droit, la tête de profil ; Alphonse Daudet, également de profil, mais un peu incliné en avant, vers le manuscrit qu'il tient sur ses genoux. Une bibliothèque d'ébène à hauteur d'appui règne au fond de la pièce sous une tenture de cuir de Cordoue décorée de tableaux et de dessins. Ce fond-là vaut bien comme intérêt un rideau rouge de convention ou un frottis de bitume. Les romanciers et les historiens philosophes parlent sans cesse des « milieux. » N'est-ce point surtout aux peintres à montrer ces « milieux ? » N'ajouteraient-ils pas à la physionomie de leur modèle, ne la compléteraient-ils pas en montrant l'individu dans son intérieur, entouré des meubles, des livres, des objets d'art, qu'il a rassemblés, qui sont les témoins de sa vie, les reflets de ses goûts et de sa nature ? L'intérieur, mais c'est l'homme même ! Une visite de cinq minutes en apprend plus sur une personne qu'une conversation de deux heures.

Ce portrait de jeune fille dans un paysage de forêt, qui a de la profondeur, est le premier envoi au Salon d'un élève de M. Delaunay, M. Maurice Desvallières. Le dessin un peu sec est serré et précis. L'arrangement du costume, l'attitude de la figure ont une grâce simple et franche qui frappe et qui séduit. C'est un bon début, sérieux et point tapageur. Toutefois que M. Desvallières garde son jeune talent des suggestions de la nouvelle école pseudo-impressionniste. Il y a dans ce portrait certaines fleurettes au premier plan et un éclairage systématique qui nous inspirent quelques appréhensions. M. Got a peint Mme D*** dans un ajustement très riche et très décoratif qui rappelle les portraits du commencement du XVIIIe siècle. La facture est libre et ferme ; on ne saurait trop engager M. Got à persister dans cette manière. On retrouve dans le portrait de M. Fantin-Latour la sincérité habituelle de l'artiste devant le modèle. Mais la facture truitée, truellée, mosaïquée nuit à l'impression de cette œuvre si profondément sentie. — L'épiderme féminin n'est pas une peau de chagrin. Un portrait tout à fait remarquable est celui de Mme M***, par M. Maxime Faivre. La couleur est belle, la tête savamment construite sous l'enveloppe d'un modelé très ferme et très suivi. Le portrait de Mme X***, de M. Stewart, qui est d'un coloris vif, pèche par le dessin. Dans le portrait de Mme L.-L., par M. Wœrtz, on remarque surtout la superbe exécution du bras nu. Il y a du talent dans le portrait de M. Paul Foucher par Mlle Venot de Hauteroche. L'enfant somptueusement vêtu qu'a peint M. Toudouze a dans les carnations des pâleurs de cire. M. Callot expose un portrait de jeune homme où il a rendu avec éclat la fine coloration de la peau. M. Maurin continue à détailler les méplats, les dépressions, les imperceptibles rides du visage avec une exactitude scrupuleuse. Le portrait d'une femme âgée par M. Neil Whistler est peint en camaïeu noir et gris ; il faut aimer la sobriété, mais pas à ce point. Bien que nous voulions être très bref, la conscience nous impose de citer encore les portraits signés Parrot, Humbert, George

Lehmann, Auguste Leloir, Muraton, James Ligner, Friant, Claudie, Albert Aublet, que recommandent ou la largesse de la touche, ou la précision du modelé, ou l'éclat de la couleur, ou le charme du sentiment, ou la sévérité de l'expression.

V

Les bêtes ont aussi leurs physionomies. Il arrive qu'on emprunte aux animaux les traits distinctifs de la face pour caractériser un visage humain. Les Grecs avaient créé pour Junon l'épithète de (grec) ; (aux yeux de bœuf) et l'on dit communément un nez d'aigle, un front de lion, un air félin. Des portraits d'hommes nous passerons donc aux portraits de bêtes, ce qui nous fournira une transition pour arriver aux paysages. Les animaux sont pour ainsi dire partie intégrante du paysage. Sans eux la nature semble en être encore au quatrième jour de la création. Elle est morne et désolée. Il suffit d'une vache qui paît l'herbe de la prairie, d'un chevreuil qui bondit dans les broussailles, d'une mouette qui rase la crête des vagues pour animer un site, pour donner un caractère de vie à la plaine, à la forêt, à l'Océan. En tête du troupeau marche la génisse de M. Roll. Cet artiste, d'un tempérament si puissant, nous a accoutumé à de telles surprises. Tantôt il peint un choc de cavaliers, tantôt une dramatique scène d'inondation, tantôt encore un éblouissant tableau de mythologie. Aujourd'hui il expose le beau portrait dont nous avons parlé et cette magistrale étude : « Si Dieu lui prête vie, » la bête au pelage blanc et roux, lustré à la croupe par un rayon de soleil, qui paît tranquille devant une chaumière normande, aura la prime d'honneur au concours régional. Quel relief surprenant ! quelle lumineuse couleur ! et comme l'animal est bien rendu dans son allure ! Seulement le tableau gagnerait à la suppression des personnages qui s'estompent au fond en silhouettes informes ; la liberté de la touche tourne ici au sans-gêne. Cette facture lâchée jure avec l'exécution large, mais ferme de l'animal. Les paysans nuisent à *la Génisse* de Roll comme le berger nuit au *Taureau* de Paul Potter. *La Sortie de l'herbage*, de M. de Vuillefroy, nous montre des vaches qui ne sont pas loin de valoir celles de Troyon ; *le Gué*, de M. Marais, *le Pâturage*, de M. de Thoren, *l'Étable*, de M. Barillot, nous montrent des vaches qui ne sont pas loin de valoir celles de M. de Vuillefroy. Mme Deshoulières voudrait sauver de l'abattoir tous les moutons de M. Vaison et de M. Zuber, et le cardinal de Richelieu aimerait à jouer avec les chats de M. Monginot. Quant à l'aimable baudet de M. Jadin, il explique qu'on ait jadis écrit *l'Éloge de l'âne*.

La Gorge aux loups, de M. Tristan Lacroix, est un très grand paysage conçu dans la manière large et vigoureuse de *la Remise des chevreuils*, de Courbet. A l'entrée de l'étroit défilé qui s'enfonce entre les amoncellements de rochers, une biche s'arrête aux écoutes. Cette bête, enlevée d'une touche franche qui trahit la spontanéité de l'exécution, est rendue dans son mouvement avec une sûreté remarquable. A droite, un vieux chêne tord ses branches dénudées ; au fond se massent les arbres de la forêt dont le vert feuillage, traversé par les rais du soleil, laisse voir une échappée du ciel. Les rochers paraissent un peu *flou* pour du granit, mais l'ensemble du tableau est d'une excellente tenue et donne une vive et agréable impression de fraîcheur. Les familiers de Fontainebleau prétendent que cet aspect humide n'est pas dans le caractère de la forêt, où il n'y a point de cours d'eau, à peine de sources, et où l'ombre de la feuillée est chaude. Nous ne déciderons point. D'ailleurs supposons qu'il vienne de tomber une pluie d'orage, et le site de M. Tristan Lacroix rentre dans son effet juste.

Un critique d'art en veine de paradoxe a écrit que le paysage est le genre de peinture le plus difficile. Il n'y paraît pas au Salon de 1883. On compte à l'exposition au moins sept cents paysages sur deux mille cinq cents toiles ; et parmi ces paysages, sept sur dix ont de vrais mérites. C'est donc environ cinq cents lisières de bois ou bords de rivières qui s'imposeraient à la description critique des malheureux « saloniers ! » En cette occurrence, l'équité commande de ne s'occuper d'aucun paysage puisqu'on ne peut s'occuper de tous. Comment parler des *Bords de l'Oise* baignant dans la clarté fluide, de M. Mesgrigny, et du *Cimetière de la Méditerranée* embrasé de soleil, de M. Montenard, et ne rien dire de la *Matinée d'été* perdue dans les brouillards opalins de l'aube, de M. Porcher, et des *Martigues* si éblouissantes de lumière, de M. Allègre ? Pourquoi s'arrêter devant la *Vallée des Ardoisières*, empreinte d'une austère mélancolie, de M. Pelouze, devant la *Vue de Carqueiranne*, où M. Achille Benouville a mis du style et de l'effet, et passer vite devant l'humide *Vallée du Château-Gaillard*, de M. Paul

Péraire, devant la *Campagne d'Athènes*, de M. de Gurzon, devant cette *Rafale* où M. Yon a donné un aspect pathétique à la nature bouleversée ? Est-il juste de citer *le Vieux Chemin*, de M. Camille Bernier, *la Fille du passeur*, de M. Adan, *la Ferme de Coursimont*, de M. Sauzay, *l'Étang du Merle*, de M. Tancrède Abraham, et de ne point mentionner *le Soir*, de M. Emile Breton, *la Sortie du terrier*, de M. Borchart, *la Fin de septembre*, de M. Nozal, la *Floraison des jacinthes à Harlem*, de M. Demont, et tant d'autres jolis paysages de tant d'autres paysagistes de talent ? — De l'ensemble agréable de toutes ces toiles il ressort cette idée que le paysage accomplit une évolution, non point dans le faire, qui reste libre et vif, mais dans le choix des sites. On déserte les hautes futaies et les sous-bois ombreux où se plaisaient Théodore Rousseau, Diaz, Decamps, Courbet ; on installe son chevalet sur la lisière des forêts, au bord des rivières ou des étangs, dans les grandes prairies, dans les plaines sans fin. On cherche surtout les effets de lointain, les progressions de la perspective aérienne, la limpidité de l'atmosphère. On met dans le cadre le moins de choses déterminées qu'il est possible. On peint le vide pour obtenir l'impression de l'infini.

Où s'arrête le paysage ? Où commence la marine ? La prairie au bord de la mer de M. Lansyer tient évidemment de ces deux genres. Au reste, le talent de Lansyer suffit à tous les deux. Une marine bien caractérisée, c'est malgré son titre le beau tableau de M. Iwill : *la Seine à Rouen par un temps de brouillard*. Le fleuve fuit dans la perspective et le soleil levant perce à travers la brume. C'est d'un effet très juste et d'une vive impression ; le brouillard, léger et fluide, a une transparence magique. M. Renouf a peint un *Bateau pilote* qui va au-devant d'un steamer. La mer est grosse, glauque, sombre, car la nuée d'orage couvre le ciel. La chaloupe montée par quatre hommes courbés sur les avirons franchit la lame par bonds. Ce tableau très solidement brossé est trop grand, ce qui est naïf à dire, ou trop petit, ce qui semblera paradoxal. Les personnages et la barque, de grandeur naturelle, sont à l'étroit sur cette nappe d'eau sans horizon. Si les figures étaient réduites des deux tiers ou si la toile était augmentée du double, — ce qui donnerait des dimensions de panorama, — on aurait l'impression de l'immensité terrible de l'Océan, effet que sans doute a cherché le peintre et qu'il n'a pas réussi à rendre. De natures mortes, de légumes, de fruits, de fleurs, il y a de quoi approvisionner les Halles centrales et le marché de la Madeleine. M. Philippe Rousseau apporte des asperges ; M. Spihler, des turbots et des soles ; M. Tholer, des homards et des tourteaux ; M. Magne, des lièvres et des perdrix ; M. Bergeret, des prunes et des abricots ; M. Conin, des pêches que, ne pouvant faire mieux, on ne se lasse pas de regarder ; M. Benner, des pivoines éclatantes ; M. Cesbron, des bottes de roses ; M. Bidau, des violettes de Parme et des camélias blancs. M. Vollon méprise ces bagatelles ; il nous offre tout simplement *le Pot-au-feu* : un morceau de bœuf cru posé près d'une marmite de fer. La viande n'est pas appétissante, mais on s'accommoderait volontiers de la marmite, car, la grande réputation de M. Vollon le prouve de reste :

Un *chaudron* sans défaut vaut seul un long poème.

II. — LA SCULPTURE.

« Femmes, cachez vos larmes, » dit le chœur d'*Œdipe à Colone*. En écrivant ces mots, Sophocle émettait, sans y songer peut-être, un principe d'esthétique statuaire. Dans l'art sévère de la sculpture, la douleur doit être contenue comme le mouvement doit être mesuré. Les figures ne souffrent ni la déformation des traits du visage ni la contorsion des membres. La véhémence d'un sentiment, qui est par cela même passager, l'emportement d'un geste qui est par cela même instantané et fugitif, ne concordent pas avec le caractère de durée éternelle du marbre et du bronze. Dans le beau groupe des *Premières Funérailles*, M. Bardas a fidèlement observé cette loi statuaire. Adam et Eve portent dans leurs bras le cadavre d'Abel. Certes leur douleur est bien grande, mais avec quel art le sculpteur a su en faire sentir l'intensité et la profondeur, tout en conservant aux physionomies un caractère de calme et de gravité recueillie ! Pour renfermé qu'il soit dans le cœur, le sentiment n'en est pas moins pathétique. Ce groupe est supérieurement composé. Les deux figures se présentent de face ; le père, marchant à pas lourds et lents, porte dans ses bras le corps d'Abel ; la mère s'arrête pour baiser au front le cadavre, dont elle soutient la tête. Une peau de bête qui sert de linceul à Abel s'est détachée de son corps et tombe jusque à terre, formant tenon, remplissant le vide entre les deux figures et donnant au groupe une base solide. M. Bardas, qui a accusé le type d'Adam dans la force corporelle, n'a pas craint d'imprimer à sa physionomie quelque chose de farouche. C'est bien ainsi qu'on peut se représenter le premier homme, en se tenant à égale distance de la tradition biblique et des théories naturalistes. L'Eve est aussi bien conçue, encore que la pose des cuisses serrées l'une contre l'autre jusqu'aux genoux soit d'aspect pauvre et frissonnant. Dans la figure d'Abel, on ne saurait trop louer cet affaissement d'un effet si pathétique et de lignes si harmonieuses, ces formes élégantes et pures comme celles d'un éphèbe grec. L'exécution, toujours ferme et savante, paraît tour à tour énergique et délicate selon qu'on regarde une figure ou une autre. *Les Premières Funérailles* classent M. Barrias dans les premiers rangs des sculpteurs contemporains.

La statue de M. Guillaume, cette femme demi-nue assise au sommet d'un rocher, le bras gauche appuyé sur une urne symbolique, la main droite tenant une lyre faite d'une écaille de tortue et de cornes de bélier est-elle la Fontaine Hippocrène ou la Fontaine Castalie, la Nymphe de la Béotie ou celle de la Phocide ? Sommes-nous sur l'Hélicon ou sur le Parnasse ? M. Guillaume, qui s'entend bien en mythologie, comme il s'entend bien en art et en beaucoup d'autres choses, dit que c'est Castalie. Saluons donc la naïade divine dont les ondes inspirent les poètes et purifient les criminels. Si l'éminent sculpteur avait fait sortir du marbre une charbonnière ou une marchande des quatre saisons, les chercheurs de « modernisme, » comme ils disent, auraient été plus satisfaits. Quoi qu'ils en pensent, une muse ou une nymphe reste un sujet toujours digne du ciseau du statuaire. L'élégance du galbe et la noblesse naturelle de l'attitude caractérisent la statue de Castalie. Toutefois, si l'on retrouve dans ce marbre le faire précis et savant et le style élevé de M. Guillaume, on n'y retrouve pas le caractère profond que l'auteur des *Gracques* et du *Mariage romain* excelle à donner à l'ensemble des figures, à marquer sur les physionomies. Il semble que M. Guillaume est plutôt un historien qu'un poète.

L'envoi au Salon de M. Dalou est considérable : deux très grands hauts-reliefs qui attirent le regard par leurs dimensions et le retiennent par leurs qualités sérieuses et originales. L'une de ces œuvres représente la célèbre séance des états-généraux du 23 juin

1789. Ce haut-relief est composé, ordonné, on pourrait dire exécuté comme un tableau, avec trois plans bien distincts, une perspective nettement déterminée et les dégradations de tons remplacés par les divers degrés de relief. Les figures du premier plan ressortent en plein relief, celles du second plan se modèlent en demi-relief, celles du troisième s'atténuent en bas-relief. A gauche, devant une grande table recouverte d'un tapis fleurdelisé, le marquis de Dreux-Brézé, la canne dans la main, le chapeau sur la tête, l'air très froid, très digne, très assuré et quelque peu impertinent, comme il convient à un gentilhomme qui parle au nom du roi à Messieurs du tiers, rappelle aux députés l'ordre de son souverain. Devant le grand maître des cérémonies, Mirabeau, solidement arc-bouté sur ses deux jambes, la tête rejetée en arrière, le buste saillant, la main droite tendue, l'index en avant, prononce les fameuses paroles qui sont trop connues pour être répétées. L'expression de puissance et de défi du tribun égale comme intensité d'effet l'expression de calme et de dédain de l'envoyé du roi, mais elle ne la surpasse pas. Plus loin, à gauche et au fond, tous les députés du tiers, les uns assis, les autres debout, regardent cette scène qui marque la première phase d'un duel à mort. Il y a là cinquante ou soixante personnages, tous bien caractérisés, variés d'attitudes et de physionomies, exprimant les uns la colère, les autres la surprise ou la curiosité, tous la résolution. Ce qui est surtout remarquable dans l'œuvre de M. Dalou, c'est que cette composition si pleine de vie et d'effet qu'elle soit, si animée, si tumultueuse qu'elle paraisse, garde néanmoins la sévérité de l'ordonnance, la mesure des mouvements, la belle simplicité de la sculpture. La *Séance des états-généraux* n'est point sans doute l'œuvre la meilleure du jardin, — *Les Premières Funérailles* l'emportent par l'expression d'un sentiment général, — mais c'en est à. coup sûr la plus personnelle.

Cette belle simplicité, ces mouvements mesurés, cette ordonnance sévère que l'on admire dans la *Séance des états-généraux*, font tout à fait défaut à l'autre envoi de M. Dalou, qui semble une copie en ronde bosse d'une apothéose de Rubens retouchée par François Boucher ; — les deux peintres les moins faite pour inspirer un sculpteur. Ce haut-relief, conçu dans le goût pompeux du milieu du svnr3 siècle, s'étend en hauteur. Au premier plan, deux hommes s'embrassent fraternellement, tandis que d'autres personnages brisent des épées, des fusils, des cuirasses. Au second plan, un groupe d'ouvriers (le chapeau rond et la blouse l'indiquent du moins) tendent un trophée de drapeaux à trois femmes qui planent dans les nuées, ayant pour tout costume le bonnet phrygien, le triangle égalitaire et autres attributs républicains. Çà et là voltigent des Amours portant des guirlandes de fleurs. De fort mauvais vers, qui rappellent par la facture les *Commandements de l'église* et le *Jardin des racines grecques*, nous renseignent sur le sens de cette allégorie. C'est le règne de la république, qui supprime la guerre et donne le repos à tous les peuples. Nous espérons qu'il passera encore de l'eau sous le pont de Kehl avant ce retour de l'âge d'or. Et quelle idée singulière M. Dalou a-t-il de faire de la politique en bas-relief ? Tient-il donc tant à rappeler qu'à tort ou à raison on l'a pris jadis pour un homme politique ? Ces réserves faites sur la conception humanitaire de l'œuvre et sur sa manière théâtrale, il faut reconnaître dans *la République* le don de la composition, la fougue et la facilité de la main.

On n'a pas oublié le bas-relief destiné au tombeau de Reber qu'exposait l'an dernier M. Tony Noël : une figure drapée, poétique et mystérieuse comme l'ombre d'Ophélie. Cette année, M. Tony Noël a sculpté deux guerriers avec toute l'apparence de la vie et tout le mouvement de la lutte corps à corps. L'un de ces hommes, frappé d'une javeline, tombe près de son compagnon ; l'autre, se couvrant du bouclier et tenant l'épée prête à frapper, continue le combat : *Uno avulso non deficit alter.* Ces deux figures ramassées sont supérieurement groupées ; l'exécution est savante et énergique. M. d'Epinay élève une statue à Callixène, célèbre pour avoir été la première maîtresse d'Alexandre. Enveloppée de la tête aux pieds dans une de ces étoffes transparentes que les Latins appelaient *vitreœ vestes*, la courtisane apparaît comme nue sous ces voiles légers. Elle ébauche un pas de danse, le pied gauche en avant, le poids du corps portant sur le pied droit, le buste tourné à gauche, la main tenant un pan de la *palla*, dont une des extrémités forme voile autour de la tête. Cette élégante et gracieuse figure semble un grandissement d'une terre cuite de Tanagra. En sculptant *Diane et Endymion*, M. Damé a oublié que la ronde bosse n'est point faite pour représenter les choses vaporeuses et intangibles. L'Endymion repose sur un nuage qui a tout l'air d'un rocher, et Diane s'élève dans le croissant de la lune qui n'est rien moins qu'une double faux ; quant à la draperie qui flotte autour de la déesse, ce ne peut être évidemment qu'une feuille de tôle découpée. M. Darbefeuille a symbolisé *l'Avenir* par un éphèbe nu qui tient d'une main un livre ouvert et de l'autre une grande épée. Cet avenir-là paraît plus probable que celui de la vision de M. Dalou. Le *Crépuscule* de M. Boisseau est une figure de femme conçue par un sculpteur français de la renaissance et exécutée par un praticien italien du XIXe siècle. La *Nymphe Écho*, de M. Gaudez, qui s'enfuit nue en tenant sa syrinx, sort de l'atelier de Falconet ou d'Allégrain. Le *Titan supportant le monde*, de M. Injalbert, serait un beau modèle de cariatide pour quelque monument. M. Baujault donne à son *Rêve* cette épigraphe : *In somniis imperat caro.* Le malheur est que ce plâtre n'est nullement de la chair. Il eût fallu la main de Carpeaux ou de Clésinger, ou à tout le moins celle de M. Jules Frère, qui a modelé avec le mouvement et la souplesse de la vie une figure nue sous ce titre : *Après le bain.* Les formes sont lourdes, le galbe est sans distinction, mais le travail du praticien réaliste est remarquable. La *Biblis changée en source*, de M. Suchelet, a beaucoup de sentiment et de grâce. On regrette d'autant plus que le polissage à la prèle ait effacé dans ce marbre tous les accens du ciseau.

Ici l'on danse. Voici une série de statues chorégraphiques auprès desquelles le groupe de Carpeaux paraîtrait d'un mouvement modéré : *l'Amour et la Folie*, de M. Cordonnier, *l'Ouragan*, de M. Desca, *Flore et Zéphyre*, de M. Coulon, *Orphée et Eurydice*, de M. Martin. Les pieds ne tiennent pas aux socles, les corps perdent l'équilibre, les bras battent l'air. L'avant-veille de l'ouverture du Salon, on avait réuni tous ces groupes autour du rond-point du jardin. L'effet était le plus merveilleux du monde : on aurait dit un quadrille. Après être sorti du bal, passons chez les acrobates. C'est « la pyramide humaine, » « les jeux icariens » que le groupe de *l'Immortalité*, de M. Hector Lemaire. Et pourtant on n'a pas le cœur à railler devant l'œuvre d'un sculpteur de talent, devant un groupe monumental, de six mètres de haut et comprenant cinq figures, qui a dû coûter tant de peines, tant d'efforts et tant d'argent. En elles-mêmes toutes ces figures ont du mérite : ce qui les gâte, c'est leur superposition. Imaginez que M. Mercié ait placé au-dessus du *Quand même* ! le *Gloria victis*, et jugez de l'effet ! Si l'on conservait seulement la mère, l'enfant et la figure tumulaire qui occupent la base de cette Immortalité, on aurait un groupe d'un style sévère et d'un beau sentiment.

M. Larison, qui s'était élevé dans *l'Age de fer* à la sculpture héroïque, tombe dans la sculpture de genre. La Douleur maternelle représente une jeune femme assise sur un fauteuil, le dos et la tête renversée contre un coussin et tenant sur les genoux le cadavre emmailloté de son enfant. Cette femme porte un corsage de paysanne et une jupe à ruche copiée sur un peignoir élégant. Elle a ses bras et ses seins nus ; il ne faut pas s'en plaindre, car ce sont les meilleures parties de la statue. Néanmoins, on ne peut s'empêcher de penser que ce costume hybride n'est pas dans la vérité, non plus que cette gorge découverte n'est dans la situation. Si l'on veut rendre le vrai, au moins faut-il ne pas commencer par choquer la vraisemblance dans les petits détails. La tête, bien construite, montre de jolis traits, mais l'expression des yeux, où l'on sent rouler les larmes, est trop forcée pour une figure statuaire. La charmante *Ensommeillée* de M. Delaplanche, qui dort sur un fauteuil à dossier circulaire, est une œuvre non point sans valeur, mais sans signification. M. Aizelin a mis dans sa *Marguerite* qui revient de l'église, les yeux modestement baissés, la grâce virginale rêvée par le poète. Il ne faut pas en vouloir à l'artiste d'avoir sculpté Marguerite, qui est « belle, » mais qui n'est point « demoiselle, » comme elle le dit très bien, avec une jupe longue. S'il lui avait donné la jupe courte mentionnée dans le texte de Goethe, personne n'eût reconnu Marguerite. Un costumier d'opéra en remontre au Jupiter de Weimar, et son caprice a force de loi !

Clésinger a passé les dernières années de sa vie à sculpter quatre statues équestres qui doivent être placées au champ de Mars, devant la façade de l'École militaire. Marceau et Boche ont déjà été exposés, Carnot est au moulage, voici Kléber. L'uniforme des généraux de la première république, qui n'était rien moins que simple : grands panaches, grandes écharpes, grands revers d'habit, grandes cravates à la Saint-Just, prête à la sculpture décorative telle que l'entendait souvent Clésinger. Kléber est représenté dans le feu du combat, le sabre levé, comme s'il ralliait autour de lui les grenadiers du Mont-Thabor. C'est une statue pleine de vie et de mouvement, bien digne du sculpteur qui, lui aussi, « a fait trembler le marbre, tant grosse que fût la pièce. » M. Frémiet a évoqué un *Porte-Falot du XVe siècle* dans son type rigoureusement caractérisé et dans son costume scrupuleusement exact. Bien campé sur son petit cheval et portant le hoqueton aux armes de la ville, cet homme ne reconnaît pas d'autre autorité que celle du prévôt de Paris, Robert d'Estouteville, et n'entend pas d'autre français que celui de Philippe de Commines et de Pierre Gringoire. Ces caractères d'une époque disparue se retrouvent dans le *Routier à cheval*, de M. Tourguénef. Ce chevalier de grand'chemin est assurément sans peur, mais non point sans reproche. S'il est le premier à l'attaque, il n'est pas le dernier au pillage, et lorsqu'il chevauche en éclaireur sur les flancs de l'armée, il ne se fait pas faute de détrousser un juif, voire même un bon chrétien.

Ingres, par M. Oudiné ; *Hippolyte Flandrin*, par M. Dégorge ; *le Général Chanzy* sur son lit de mort, par M. Groisy ; le *Baron Taylor*, par M. Jules Thomas, et encore *le Baron Taylor*, par M. Briden, sont à peu près les seules statues iconiques de quelque valeur. Pour les bustes qui se comptent par centaines, bien peu méritent d'être mentionnés. Nous en citerons seulement quelques-uns, à la fortune du souvenir. Parmi les bustes-types ou de fantaisie, nous nous rappelons l'*Ymagier du roy*, de M. Marquet de Vasselot et l'*Évêque du Xe siècle*, de M. Carriès, deux créations remarquables par le caractère des physionomies et l'excellent travail de l'ébauchoir, et la charmante *Pierrette*, de M. Maurice de Gheest, qui a la grâce piquante d'un Watteau ; parmi les bustes-portraits, celui de M. Patin, par M. Guillaume, celui de Mme de B… par M. Allouard, celui de M. Eugène Labiche, par Mlle Thomas, celui de M. Albéric Second, par Mlle de Montégut, enfin ceux de M. et Mme B. W. ., par M. Soldi. Un mot encore sur quelques petits ouvrage : l'étrange bas-relief pseudo-égyptien de M. Devillez, représentant *Salomé*, la belle médaille de la Ligue des patriotes, par M. H. Dubois, et le curieux médaillon de femme que M. Louis Ménard, le savant helléniste, a conçu et exécuté dans le style grec archaïque.

Jusqu'ici on avait toujours pensé que le but suprême du grand art de la statuaire est l'expression du beau. Il paraît qu'on pensait mal, car le véritable objet de la sculpture, c'est d'exprimer le laid. Tel est du moins le sentiment de M. Marioton, auteur d'un *Diogène* ascétique, de M. Etcheto, auteur d'un *Démocrite* ivre mort, de M. Turcan, auteur d'un groupe représentant *l'Aveugle et le Paralytique*, de M. Gustave Michel, auteur d'un second *Aveugle et Paralytique*, de M. Carlier, auteur d'un troisième et dernier *Aveugle et Paralytique*, enfin de M. Baffier, auteur d'un *Marat* demi-nu. Dans ce concours de la laideur, le prix est emporté de haute lutte par cette hideuse figure. Que notre conseil municipal ait l'idée d'ériger une statue à « l'Ami du peuple » sur l'emplacement des Tuileries brûlées et qu'un sculpteur quelconque accepte cette commande, rien de plus naturel. Mais qu'un artiste de talent (M. Baffier en a beaucoup) s'avise de son propre mouvement de sculpter ce triste personnage, plus abominable encore au physique qu'au moral, il y a de quoi confondre l'entendement. C'est comme si un journal d'Athènes nous apprenait soudain qu'on a découvert une statue de Thersite à Olympie ! Mais la supposition est inadmissible, les fouilles de la vallée de l'Alphée ne sauraient nous réserver pareille surprise. La sculpture grecque n'a point créé en quatre siècles autant de modèles de laideur que la sculpture française en cette seule année 1883. On objectera que l'idéal moderne n'est pas l'idéal antique. Tant pis pour l'idéal moderne ! Ainsi que l'a très bien dit Victor de Laprade, ce chrétien qui dans les questions d'art se rencontre avec un païen comme Théophile Gautier, « l'art moderne, et il faut entendre par là l'art du moyen âge et le nôtre, n'a pas fait autre chose que d'ajouter quelques rides à la beauté sereine et calme, à l'adorable jeunesse des types grecs. » — Il n'y a vraiment pas là de quoi être si glorieux.

ISBN : 978-1983986581